Dylid dychwelyd neu adnewyddu'r eitem erbyn neu cyn y dyddiad a nodir uchod.
Oni wneir hyn gellir codi tâl.

This book is to be returned or renewed on or before the last date stamped above,
otherwise a charge may be made.

**LLT1**      100% paper eildro / 100% recycled paper.

# Teimlo'n...
# Genfigennus

Cyhoeddwyd gyntaf yn 1997 gan Franklin Watts
96 Leonard Street,
London EC2A 4RH

(h) 1997 Franklin Watts

Franklin Watts Australia
14 Mars Road
Lane Cove
NSW 2006
Australia

Golygydd y gyfres: Helen Lanz
Cynllunydd y gyfres: Kirstie Billingham
Ymgynghorydd: Anne Peake, Uwch Seicolegydd

Trosiad gan Emily Huws

ISBN 0 86174 097 1

Mae record catalog CIP ar gyfer y
llyfr hwn ar gael o'r Llyfrgell Brydeinig.

(h) 1997 Y testun Cymraeg:
Gwasg Addysgol Drake
Cyhoeddwyd yn Gymraeg
gan Wasg Addysgol Drake
Ffordd Sain Ffagan, Y Tyllgoed,
Caerdydd CF5 3AE.

Argraffwyd yn Dubai, U.A.E.

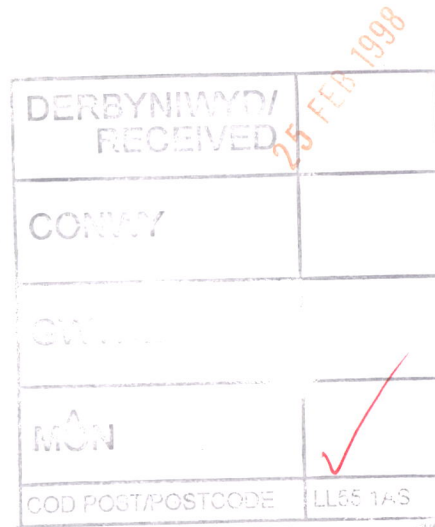

# Teimlo'n...
# Genfigennus

Sally Hewitt

Lluniau gan Rhian Nest James

Gwasg Addysgol Drake

**DRAKE**

Mae Siôn yn saith oed. Mae'n byw gyda'i fam a'i dad, Huw ei frawd hŷn, a'i chwaer fach Mari. Fel arfer fe fydd Siôn wrth ei fodd yn chwarae efo'i frawd a'i chwaer ond pan fydd Huw neu Mari yn cael y sylw i gyd, fe fydd Siôn yn teimlo'n genfigennus ac eisiau gweiddi, "Be amdana I?"

Fyddwch chi'n teimlo'n genfigennus weithiau?

4

Shilpa ydi ffrind gorau Siôn. Mae hi'n byw gyda'i mam a'i thad a'i chwaer fach, Lata. Mae Siôn a Shilpa yn yr un dosbarth yn yr ysgol. Weithiau fe fydd Shilpa yn teimlo'n genfigennus o'r plant eraill yn ei dosbarth. Pan fydd hi'n teimlo'n genfigennus fe fydd hi eisiau dweud hen bethau cas.

Beth fyddwch chi'n ei wneud pan fyddwch chi'n teimlo'n genfigennus?

5

Bob bore fe fydd mam Siôn yn gwisgo am Mari, ei chwaer fach, yn brwshio'i gwallt ac yn rhoi brecwast iddi. Mae Mam yn dweud bod Siôn yn ddigon mawr i wisgo amdano'i hun a pharatoi ei frecwast ei hun. Weithiau does dim ots ganddo am ei fod yn hoffi gwneud dysglaid fawr o greision iddo'i hun.

Mae ots ganddo heddiw. Mae'n teimlo'n genfigennus. Mae arno eisiau i Mam roi sylw iddo fo, ac nid i'w chwaer fach. "Mam, dowch i fy helpu i chwilio am fy llyfr llyfrgell," meddai Siôn. "Dim rŵan, dwi'n brysur," meddai Mam. "Gwna dy hun. Rwyt ti'n medru'n iawn." "Ond dw isio i ti chwilio amdano," meddai Siôn gan edrych yn gas, gas.

Mae Mam yn sylweddoli fod Siôn yn teimlo fel petai o'n neb. Mae'n rhoi'r gorau i gau botymau Mari ac yn ei gofleidio. "Chwiliwn ni am dy lyfr llyfrgell di efo'n gilydd," meddai hi.

7

Ar y ffordd i'r ysgol maen nhw'n cyfarfod Shilpa.
Dyna hi'n dechrau chwarae pi-po efo Mari, y
ddwy yn chwerthin a Siôn yn teimlo fel
petai o'n neb. "Fy ffrind i ydi Shilpa,"
meddai wrtho'i hun. "Efo fi ddylai hi
chwarae, nid efo Mari."

8

Mae Siôn yn cydio yn het Shilpa ac yn ei rhoi am ei ben i wneud iddi sylwi arno. A dyna Mari yn chwerthin am ei fod yn gwisgo het Shilpa. Wedyn mae Siôn yn rhoi het Shilpa ar ben Mari a dyna nhw i gyd yn chwerthin. Dydi Siôn ddim yn teimlo fel petai o'n neb erbyn hyn.

Wedi iddyn nhw gyrraedd yr ysgol mae Siôn a Shilpa
yn ffarwelio â Mari ond dyna hi'n sgrechian ac yn
dechrau crio. Dydi hi ddim eisiau iddyn nhw ei
gadael hi. "Cenfigennus ydi hi," meddai Mam.
"Mae hithau eisio mynd i'r ysgol."

"Chei di ddim dod, Mari," meddai Siôn.
"Rwyt ti'n rhy fach ond ddo i i chwarae
efo ti ar ôl dod adre." A dyna Mari yn
rhoi'r gorau i grio ac yn gwenu'n braf.

"Tyd ymlaen, Siôn," meddai Shilpa. "Rydan ni'n ymarfer y ddrama heddiw." Mae gan Siôn biti dros Mari am na chaiff hi ddod efo nhw. Ond mae'n falch ei fod yn cael mynd i'r ysgol efo Shilpa a'i ffrindiau.

Mae Siôn yn curo'r drwm yn y ddrama a
Shilpa eisiau bod yn ddraig. Ond meddai
Mr. Davies, eu hathro, "Tesni ydi'r ddraig.
Shilpa, ti ydi'r gwningen."
"Ond dw isio bod yn ddraig," meddai
Shilpa. "Dyna'r rhan orau."

Dyna siomedig ydi Shilpa. Roedd hi'n meddwl yn siŵr y byddai Mr. Davies yn gofyn iddi hi fod yn ddraig. Mae'n teimlo'n genfigennus o Tesni. Dydi hi ddim eisiau i Tesni fod yn ddraig a dydi hi ddim yn ei hoffi hi bellach.

13

Mae Shilpa yn flin ac yn gas wrth Tesni. "Fyddwn
i'n well draig o lawer na ti," meddai. "Ddylai Mr.
Davies fod wedi rhoi'r rhan i mi!" Tesni druan.
Mae hi'n torri'i chalon. "Ddylet ti ddim brolio," meddai
Rona. "Rwyt wedi gwneud i Tesni grio," meddai Bedwyr.

14

Mae Mr. Davies yn gwybod fod Shilpa yn siomedig.
"Fe fyddi di'n gwningen ardderchog, Shilpa!" meddai
wrthi. "Ac fe fydd Tesni yn ddraig ardderchog." A
dyna Tesni yn sychu'i dagrau ac yn gwenu.

15

"Mae rhan pawb yn bwysig," meddai Mr. Davies. "Fyddai'r dywysoges ddim yn cael ei hachub oni bai am y gwningen."

"A fyddai'r band ddim yn dechrau chwarae heb i mi guro'r drwm," meddai Siôn.

16

Mae Shilpa yn rhoi'r wisg gwningen amdani ac yn dechrau teimlo'n gyffrous. Dim ots ganddi beidio â bod yn ddraig erbyn hyn. Ac mae'n ddrwg ganddi iddi fod yn gas wrth Tesni.

Ar ôl ysgol, mae Shilpa yn mynd i dŷ Siôn i gael te. Meddai
Huw, brawd mawr Siôn, yn gyffrous, "mae Dad yn mynd â fi
i weld gêm bêl-droed am mod i'n cael fy mhen-blwydd!"

18

"Dwi isio dod hefyd!" meddai Siôn.

"Wel chei di ddim! Fi sy'n cael fy mhen-blwydd. Nid ti!" meddai Huw. Mae Siôn yn teimlo'n genfigennus am nad ydi yntau'n cael mynd i rywle arbennig efo Dad. "Dydi o ddim yn deg," meddai.

Mae Siôn eisiau difetha hwyl ei frawd. "Dwi'n gwybod beth wyt ti'n gael yn anrheg gan Mam a Dad," meddai Siôn. "Taw!" meddai Huw. "Paid â dweud! Well gen i iddo fod yn gyfrinach."

20

Paid â difetha pen-blwydd Huw, Siôn," meddai
Mam. "Fe fydd dy ben-blwydd di cyn bo hir ac
fe gei dithau anrhegion a chael mynd i rywle
arbennig hefyd." "A wna i ngorau glas i beidio â malio
pan fyddi di'n cael mynd," meddai Huw, a gwenu.

I ffwrdd â Dad a Huw i'r gêm bêl-droed. "Ga innau fynd i weld gêm bêl-droed pan fydd fy mhen-blwydd i?" gofynnodd Siôn.

22

"Gawn ni weld. Ond cyfrinach fydd hynny,"
meddai Mam. A dyna Siôn yn peidio â theimlo'n
genfigennus o Huw am ei fod o a Shilpa yn brysur
yn meddwl tybed i ble bydd o'n cael mynd.

Wedi i Shilpa fynd adref, dyna lle mae Lata,
ei chwaer fach, yn gwisgo'i bathodyn nofio
newydd. "Ardderchog, Lata!" meddai
Mam.
"A beth amdana i?" meddai Shilpa. "Mae
gen i chwe bathodyn nofio."

24

Mae Dad gartre hefyd a Mam ac yntau'n canmol ac yn canmol bathodyn nofio Lata, a Shilpa yn teimlo'n genfigennus iawn. Dyna lle mae pawb yn rhoi'r holl sylw i Lata a neb yn sôn am ei chwe bathodyn nofio hi!

Mae'n amser gwely ac mae Shilpa yn dal i deimlo fel petai hi'n neb. "Dwi'n gallu nofio'n well o lawer na Lata," meddai hi.

Mae Mam yn meddwl ei bod hi'n bryd canmol tipyn ar Shilpa hefyd. "Wel wyt, wrth gwrs," meddai hi. "Rwyt ti'n nofio'n ardderchog ond heddiw y cafodd Lata ei bathodyn nofio cyntaf un."

26

"Wyt ti'n cofio fel roedden ni'n dy ganmol di pan gest ti dy fathodyn cyntaf?" gofynnodd Mam. A dyna Shilpa yn chwerthin. "Roeddwn i'n gwisgo fy mathodyn i yn fy ngwely!" meddai hi. "Dwi'n meddwl fod Lata yn gwneud hynny," meddai Mam.

"Eisiau i chi roi sylw i mi ac nid i Lata
roeddwn i," meddai Shilpa.
"Mae'n anodd iawn peidio â bod yn
genfigennus pan fydd rhywun arall
yn cael y sylw i gyd," meddai Mam.
"Fyddwch chi'n teimlo'n genfigennus
weithiau?" gofynnodd Shilpa.

"Byddaf siŵr. Mae pawb yn teimlo'n genfigennus o bryd i'w gilydd," meddai Mam. "Ond mi fydda i'n teimlo'n well o lawer pam fydda i'n gallu rhannu hapusrwydd pobl eraill." "A dwi'n teimlo'n well o lawer os dwi'n meddwl am yr holl bethau braf sy'n digwydd i mi," meddai Shilpa.

Beth fyddwch chi'n ei wneud i'ch helpu rhag teimlo'n genfigennus?

29

## Nodiadau i rieni ac athrawon

Gall plant ifanc ei chael hi'n anodd iawn i rannu. Yn aml, fe fyddan nhw eisiau'r sylw i gyd eu hunain. Bydd teimlo'n genfigennus yn eu gwneud yn anhapus gan beri iddyn nhw ymddwyn mewn ffordd angharedig, hunanol. Mae'n anodd i oedolion a phlant ddeall a thrafod y teimladau hyn.

Weithiau mae teimlo'n genfigennus yn ddealladwy, dro arall mae'n gwbl afresymol. Mae'n bwysig fod oedolion a phlant yn adnabod y teimlad hwn, yn deall beth sydd wedi ei achosi ac yn gwybod sut i ymdrin ag o. Drwy wneud hyn, gellir dysgu dulliau o ymgodymu â'r teimlad a'r hyn ellir ei wneud ynghylch y sefyllfa a achosodd y genfigen yn y lle cyntaf.

Yn y stori, mae Siôn a Shilpa yn wynebu sefyllfaoedd sy'n eu gwneud yn genfigennus. Gellir defnyddio'r digwyddiadau hyn fel mannau cychwyn i drafod beth all wneud i blant deimlo'n genfigennus. Efallai y byddant yn adnabod peth o'u hymddygiad eu hunain yn y stori neu efallai y bydd yn eu helpu i ddeall ymddygiad eraill.

Mae'r oedolion yn y stori yn cynnal y plant. Fe'u defnyddir fel ffordd o bwysleisio'r rhesymau tu cefn i'r genfigen ym mhob sefyllfa, gan ddarparu dealltwriaeth nad yw'r plant eu hunain efallai'n ymwybodol ohoni.

Gellid defnyddio'r cwestiynau canlynol ynghylch rhai o'r digwyddiadau yn y stori fel testunau trafod.

# Trafodaethau a gweithgareddau pellach

● Ar dudalen 7, mae Siôn yn teimlo'n genfigennus oherwydd ei fod eisiau i'w fam roi sylw iddo fo, ac nid i'w chwaer fach.

Oes gynnoch chi frawd neu chwaer fach? Fyddwch chi'n teimlo'n genfigennus ohonyn nhw? Pam fod ar fabanod angen llawer o sylw? Sut mae Mam yn helpu Siôn i deimlo'n well?

● Pam mae Siôn yn teimlo fel petai o'n neb ar dudalen 8? Beth mae o'n ei wneud i beidio â theimlo fel petai o'n neb?

● Beth ddigwyddodd i wneud i Shilpa deimlo'n genfigennus o Tesni ar dudalen 13? Beth mae Shilpa yn ei wneud ar dudalen 14? Oedd hi'n gywir neu'n anghywir i wneud hynny? Pam?

● Sut mae Mr. Davies yn gwneud i bawb deimlo'n well ar dudalennau 15 ac 16?

● Ydych chi erioed wedi gwneud i rywun deimlo'n genfigennus? Beth wnaethoch chi? Beth fedrech chi ei wneud i helpu rhywun rhag teimlo'n genfigennus ohonoch chi?

● Fyddwch chi'n dweud "dydi o ddim yn deg" weithiau? Pam?

● Ar dudalen 28, mae Shilpa a Mam yn sôn am deimlo'n genfigennus. Mae pawb yn teimlo'n genfigennus weithiau. Mae'n help i siarad efo rhywun rydych chi'n ei garu ac yn gallu ymddiried ynddo ynghylch sut byddwch chi'n teimlo.

**Gallai fod yn ddefnyddiol i ddilyn y drafodaeth neu'r stori ag ychydig o weithgareddau. Rhestrir rhai awgrymiadau isod:**

● Gwnewch restr o'r syniadau yn y llyfr all eich helpu chi i beidio â theimlo'n genfigennus. P'run ydi'ch hoff syniad chi? Gallech chi roi cynnig arno'r tro nesaf y byddwch chi'n teimlo'n genfigennus.

● Gair arall am genfigennus yw eiddigus. Byddwn yn dweud fod rhywun yn teimlo'n genfigennus neu'n eiddigus neu'n wenwynllyd.

● Mae Siôn yn chwarae efo'i gi bach newydd a Shilpa'n teimlo'n genfigennus. Mae hithau wedi bod eisiau ci bach, ond mae Mam yn dweud na chaiff hi 'run am nad oes ganddyn nhw ardd.

Tynnwch lun neu ysgrifennwch stori am beth fydd yn digwydd nesa i rwystro Shilpa rhag teimlo'n genfigennus.

31

# Geiriau defnyddiol

**brolio**

Brolio ydi pan fyddwch chi'n dweud wrth rywun mor glyfar ydych chi neu'n canmol eich hun am wneud rhywbeth heb falio beth mae'r person arall yn ei feddwl.

**cael sylw**

Fe fyddwch chi'n cael sylw pan fydd pawb yn dotio atoch chi ac yn dangos diddordeb yn beth rydych chi'n ei wneud.

**canmol**

Dyma pryd y bydd rhywun yn sylwi ichi wneud rhywbeth da, neu ichi fod yn garedig neu wneud cymwynas, ac yn dweud, "Da iawn!" Pan fydd rhywun yn eich canmol chi, mae'n gwneud ichi deimlo'n fodlon braf ac yn eitha balch ohonoch eich hun.

**cenfigennus**

Teimlad gewch chi pan fydd pawb arall yn cael sylw a chithau'n cael dim.

**cyffrous**

Fe fyddwch chi'n teimlo'n gyffrous pan fyddwch chi'n edrych ymlaen at rywbeth braf sy'n mynd i ddigwydd. Pan fyddwch chi'n gyffrous, efallai y byddwch chi'n teimlo fel neidio a chwerthin.

**difetha rhywbeth**

Pan fydd rhywun yn dinistrio yn fwriadol rywbeth mae rhywun arall wedi ei wneud. Er enghraifft, os byddwch chi'n tynnu llun a rhywun yn sgriblan drosto, mae'r person hwnnw wedi difetha'ch llun.

**siomedig**

Teimlad gewch chi pan fydd rhywbeth ddim yn digwydd gystal ag roeddech chi'n ei ddisgwyl, neu pan fyddwch yn teimlo eich bod wedi methu cael eich bodloni.

**teimlo piti dros rywun**

Byddwch yn teimlo piti dros rywun pan fyddan nhw'n teimlo'n ofidus a chithau'n deall sut maen nhw'n teimlo. Fe fydd arnoch chi eisiau eu helpu i deimlo'n well drachefn.

**teimlo eich bod chi'n neb**

Byddwch yn teimlo felly pan fydd neb yn rhoi sylw i chi a neb yn gofyn i chi ymuno â'r hwyl.